马上皇帝
——赵匡胤

◎ 主编 金开诚

◎ 编著 张 皓

吉林出版集团有限责任公司

吉林文史出版社

图书在版编目（CIP）数据

马上皇帝——赵匡胤 / 张皓编著 . 一长春：吉林
出版集团有限责任公司：吉林文史出版社，2010.11（2022.1重印）
ISBN 978-7-5463-4151-4

Ⅰ . ①马… Ⅱ . ①张… Ⅲ . ①赵匡胤（927～976）-
传记 Ⅳ . ① K827=441

中国版本图书馆 CIP 数据核字（2010）第 222290 号

马上皇帝——赵匡胤

MASHANG HUANGDI ZHAOKUANGYIN

主编/ 金开诚 编著/张 皓

项目负责/崔博华 责任编辑/崔博华 邱 荷

责任校对/邱 荷 装帧设计/李岩冰 刘冬梅

出版发行/吉林文史出版社 吉林出版集团有限责任公司

地址/长春市人民大街4646号 邮编/130021

电话/0431-86037503 传真/0431-86037589

印刷/三河市金兆印刷装订有限公司

版次/2010 年 11 月第 1 版 2022 年 1 月第 6 次印刷

开本/650mm×960mm 1/16

印张/9 字数/30千

书号/ ISBN 978-7-5463-4151-4

定价/34.80元

编委会

前　言

　　文化是一种社会现象，是人类物质文明和精神文明有机融合的产物；同时又是一种历史现象，是社会的历史沉积。当今世界，随着经济全球化进程的加快，人们也越来越重视本民族的文化。我们只有加强对本民族文化的继承和创新，才能更好地弘扬民族精神，增强民族凝聚力。历史经验告诉我们，任何一个民族要想屹立于世界民族之林，必须具有自尊、自信、自强的民族意识。文化是维系一个民族生存和发展的强大动力。一个民族的存在依赖文化，文化的解体就是一个民族的消亡。

　　随着我国综合国力的日益强大，广大民众对重塑民族自尊心和自豪感的愿望日益迫切。作为民族大家庭中的一员，将源远流长、博大精深的中国文化继承并传播给广大群众，特别是青年一代，是我们出版人义不容辞的责任。

　　本套丛书是由吉林文史出版社和吉林出版集团有限责任公司组织国内知名专家学者编写的一套旨在传播中华五千年优秀传统文化，提高全民文化修养的大型知识读本。该书在深入挖掘和整理中华优秀传统文化成果的同时，结合社会发展，注入了时代精神。书中优美生动的文字、简明通俗的语言、图文并茂的形式，把中国文化中的物态文化、制度文化、行为文化、精神文化等知识要点全面展示给读者。点点滴滴的文化知识仿佛颗颗繁星，组成了灿烂辉煌的中国文化的天穹。

　　希望本书能为弘扬中华五千年优秀传统文化、增强各民族团结、构建社会主义和谐社会尽一份绵薄之力，也坚信我们的中华民族一定能够早日实现伟大复兴！

目录

一、动乱年代

宋太祖赵匡胤(927—976)是北宋的创建者,涿州(今属河北)人。五代时,为后周将领,以战功升殿前都点检,统领禁军。后周显德七年(960年),他通过陈桥兵变夺取后周政权,建立宋朝,定都开封(今属河南)。他以三年时间平息内部反对势力,随后进行统一全国的军事行动,采取先南后北、先易后难的战略方针,征战十余年,平定荆南、后蜀、南汉等各地割据政权。同时采取一系列措施，改革军事、政治、财政、科举等制度，以加强中央集权。他在位十七年，庙号太祖，年号有建隆、乾德、开宝。在位期间，基本上结束了五代十国分裂割据的局面，为社会经济的恢复和发展起到了积极的作用。

宋太祖赵匡胤生长于五代乱世，深知武将专权的祸害，这可能是促成他"扬文抑武"政策的根源。他除了广泛任用文人为官以取代武将外，还立下了包括"不杀大臣及上书言事者"在内的誓碑。对历史影响更为深远的是他对于科举制的改革。他禁止了唐五代以来盛行的"公荐""公卷"等考前推荐制度，使试卷成了评定录取的唯一标准，大大增加了考试的公正性，使没有任何背景的穷人也有机会中试。他还确立复试、殿试制度，同样有利于选拔出真正的人才。宋代文化发达，文人地位较高，与赵匡胤的首倡不无关系。

赵匡胤的伟大之处除了结束近百年的分裂局面，大体上统一了汉族地区之外，还在于他生长于残酷血腥的五代乱世，却开创了一个宽松的政治环境，营

造了一个有利于文人文化蓬勃发展的氛围。但他使权力过分集中于中央，致使地方力量衰弱，不足以拱卫中央；他的军事改革使得军队"兵不知将，将不知兵"，大大降低了军队的作战能力，以致后来在与北方少数民族的战争中一直处于劣势；他建立的使各级各部门互相牵制的官制，也降低了官员的办事效率，导致了冗官冗政的大量出现。这些都使他受到

后人的指责。

公元976年，宋代开国之君赵匡胤一夜之间猝然离世，正史中没有他患病的记载，野史中的记载又说法不一。他的死因，成了历史上一宗离奇的悬案。

总之，赵匡胤一生的功过是非都要从那动乱的年代讲起。

后唐天成二年二月十六日，也就是后唐明宗天成二年，公元927年3月21日这一天，中州古都洛阳夹马营一个军人家中，诞生了一个婴儿。这个婴儿出生时并没有什么特别之处。然而，由于他日后的地位，致使后来的史学家们总是不甘心把他

说成是一个凡人，于是，在他们笔下，伴随着这个婴儿的出生，就呈现出异兆。相传，伴随着婴儿的出生，"赤光绕室，异香经宿不散，体有金色，三月不变"云云。

赵匡胤出生时，威赫数百年的大唐帝国已经消亡整整二十年了。一个平衡被打破，接踵而来的就是长久不息的动乱。开平元年（907年），在唐末农民大起义和藩镇割据的军阀混战中起家的朱温，废掉已是有名无实的唐哀帝，在开封建立了后梁王朝。以此为标志，统一的唐帝国，形成了支离破碎的分裂局面，开始了历史上的五代十国时期。建立后梁王朝的朱温，并不满足于他眼下狭小的统治区域。顺利地篡唐膨胀了他统一天下的野心。而在他四周割据的军阀，也十分瞧不起这个实力并不大的暴发户，时刻觊觎着朱温统治的中原地区。于是，各种势力一直进行着你争我夺的厮杀。"攻城以战，杀人盈城，攻地以战，杀人盈野"。中原大地上又出现了三国时期曹操所描述的那种悲惨情形："白骨露于野，千里无鸡鸣。"社会经济遭受了严重破坏，黎民百

姓蒙受了极大的苦难。在龙德三年（923年），后梁终于被沙陀人李存勖攻灭，在这片废墟上，李存勖建立起了后唐。五代乱世，不但各个军阀势力之间互相进行着征伐攻掠，各个势力内部也不断上演着篡杀夺位的闹剧。后唐庄宗李存勖的皇位还没有坐上几年，就被他的养子李嗣源发动政变推翻。

也许是接受了前朝的教训，新上台的后唐明宗李嗣源暂时停止了对外征战。他的这些做法，在几年内收到了一定的效果。史学家记载这一时期是"年谷屡丰，兵戈罕见，较于五代，粗为小康"。赵匡胤就诞生在这样一个乱世中暂时承平的时期。

赵匡胤出生在武人家庭。他父亲赵宏殷在后唐任飞捷指挥使，这是一个中级禁军头目。也许是因为处于承平时期，也许是因为篡位的明宗李嗣源把他视为庄宗的人，总之，赵宏殷的官运不佳，多年未得升迁。因此，赵匡胤的家庭，并没有为这位未来的天子安排一条锦绣前程，只是像一般的小康家庭那样，送他去读了几年书。然而，由于家世的熏陶，赵匡胤对舞刀弄枪很感兴趣，并摔打出一身的好武艺。赵匡胤可谓是武功第一的皇帝，自创太祖长拳，整套拳路演练起来，充分表现出北方的豪迈特性，为中国武术界六大名拳之一，他还发明了"大小盘龙棍"，就是后来的双节棍。随着年龄的增长，赵匡胤练就了一身武艺。同时他还是一个勤学的皇帝。在他幼年时，其父曾一度要他弃武学文，替他请了一位很有学问的先生，给他打下扎实的文化基础，使他懂得治国平天下的道理，而且养成了爱读书的习惯，据说他好学已达到了"手不释

卷"的程度。

一晃几年过去了，赵匡胤已满21岁。作为武将的父亲，只是给他娶了一个袍泽的女儿，却不能为他今后的进身发迹想出更好的办法。颇有些冒险精神的赵匡胤，决心自己闯荡江湖，碰碰运气，于是在21岁这年，毅然告别了父母妻子，开始浪迹天涯。

　　赵匡胤沿黄河西行，到关陇（今陕西、甘肃）一带，即大唐崛起之地漫游，寻找风云际会的机缘，但一事无成。四处漂泊的赵匡胤，走到原州潘原县（今甘肃平凉东）时，已囊空如洗。他见一伙赌徒在赌博，便也参加进来，希望发一笔意外之财。果然，他赢了几注，但那群市井无赖欺负他是外乡人，竟群起围攻，赵匡胤寡不敌众，被打个鼻青脸肿，钱也被抢走了。

在关陇无望，赵匡胤就南下到了复州（今湖北沔阳），去投奔与他父亲有旧交的防御使王彦超，但王彦超没有收留他，看在他父亲的面上，给了赵匡胤十贯钱，就把他给打发走了。赵匡胤又来到随州（今湖北随县），找刺史董宗本，他也是父亲的旧友。董宗本倒是把他收留下来。赵匡胤满以为有了一个安定的生活，舒了一口气。不料，与赵匡胤年纪相仿的董宗本的儿子董遵诲，却对穷困潦倒而寄人篱下的赵匡胤横加凌辱。赵匡胤感到在随州没什么出路，同时也咽不下这口气，就愤然辞别，又开始了漫游。

赵匡胤走到襄阳，投宿在一个寺庙。也许是由于南来北往的香客及过路人很多的缘故，寺庙的老和尚对天下大事颇知一二，就向茫然不知所向的赵匡胤说："我给你一点盘缠，你一直往北走，也许会交上好运。"此时，后汉刘知远称帝刚刚一年就病死了，年幼的后汉隐帝刘承祐即位，后汉统治集团内部各种矛盾加剧。军校赵思绾在长安发动兵变，联合凤翔节度使王景崇反叛，护国节度使李守贞也密结辽朝，自称秦王，在潼关反叛。三镇连叛，汴京震动。于是后汉隐帝急忙派枢密使郭威前去讨伐。在平定三镇叛乱的前后，郭威便招兵买马，扩充势力。襄阳寺庙的老和尚指点赵匡胤北去，正是

要他去投奔正在邺都招兵买马（今河北大名东北）的郭威。

基于以前投奔王彦超和董宗本的坎坷遭遇，赵匡胤对这次投奔郭威也颇感前途未卜。一天，在路过归德（今河南商丘）的高辛庙时，他看到人们在占卜凶吉。穷困潦倒的人，更关心自己的命运。赵匡胤也走进庙中，给自己占卜一卦，一边默默祷告，一边占卜。漫游了一二年也

没交上好运的赵匡胤，并不指望这次投靠郭威能出现什么奇迹。他先问能否当个小校，不吉。而后连问几个都是不吉。当问到能否当节度使时，占卜所显示的还是不吉。再往上就是天子了，赵匡胤有些急了，难道是做天子不成？他这样问。果然，命运像是同他开玩笑似的，这次占卜呈现出吉兆。赵匡胤得到的占卜结果，也许是一种偶然的巧合，但后来也被史学家说成是上应天命。不过，这对于心怀大志的赵匡胤来说，无疑是一针兴奋剂。尽管这种占卜结果目前还是可望而不可即，但它像是一粒种子，在赵匡胤的心中埋下。当后来他的势力强大时，这粒种子，就膨胀发芽了，充满了野心。

与天命无关，大凡胸怀大志之人，平时的谈吐也有不同于常人之处。历史上记载，汉高祖刘邦卑微时，在人群中围观威仪凛凛的秦始皇出巡时，就曾说过："嗟乎！大丈夫当如此也！"项羽看到这一场面时也说道："彼可取代之！"赵匡

胤在漫游时，一天看到几个文人正对着初生的朝阳吟诗。听了听，感到这些诗人的诗尽管文辞华丽，但意味却很浅陋。于是，从来不喜欢吟风弄月的赵匡胤不禁随口吟了几句："太阳初出光赫赫，千山万山如火发；一轮顷刻上天衢，逐退群星与残月。"这几句诗果然气象不凡。看得出，只要有条件与机会，赵匡胤是有着扫平群雄、统一天下之志的。到了邺都，郭威把这个身强力壮、精通武艺的青年收了下来。

二、戎马生涯

平定三镇叛乱后，郭威坐拥重兵，足以左右朝廷。后汉隐帝为了巩固统治，先后杀死了权臣杨颁、史宏肇、王章，随即把刀锋转向了郭威，并密遣使者赴澶州杀害郭威。郭威被逼起兵，以清君侧的名义，渡过黄河向汴京进军。后汉隐帝无力抵抗，被乱兵杀死。郭威进入汴京，纵兵大掠。郭威请太后临朝听政，准备迎立刘知远的侄子武宁节度使即位。这时，边

报辽兵南犯，郭威率领禁军北上抵御。行军途中，将士纷纷议论说："我们把京师攻陷了，每个人都有罪。如果刘氏复立，我们就没命了。"于是，军至澶州时，将士哗变，撕裂黄旗裹在郭威身上，拥立郭威为帝。郭威回师汴京，受禅即皇帝位，是为后周太祖。

赵匡胤作为军中的一员，由于命运所系，在拥立郭威这一事件中，表现得很突出，深得郭威赏识，提拔他为东西班行首，成为禁军军官。这次事件，给赵匡胤留下了深刻的印象。

两年后，郭威任命赵匡胤为滑州（今河南滑县东）副指挥使。还没去赴任，皇子柴荣被封为晋王，担任开封府尹。由于柴荣曾与赵匡胤同在军中，很了解他的勇武与才能，就要求把赵匡胤留在他的身边，并任命他为开封府马直军使，成为柴荣的潜邸官僚。这才是真正的风云际会，对赵匡胤一生的发展起到了决定性的作用。第二年，郭威病死，养子柴荣即位，是为周世宗。

周世宗即位不久，北汉联合契丹入侵。周世宗率领大军亲征，赵匡胤与禁军另一将领张永德领牙兵一千随行。两军在高平遭遇，后周骑兵将领樊爱能、何徽不战自溃，望风而逃，步兵也纷纷解甲投降。

周世宗只好率领亲兵督战。赵匡胤看到
形势十分危急，振臂大呼："主上这样危
险，我们还活着干什么！"并对张永德说：
"你手下的士兵长于射箭，尽快占领右翼
制高点，我率兵从左翼包抄。国家安危，
在此一举！"说罢，率兵从左翼冲入敌
阵。北汉军队没有料到几乎败阵的后周
军队的突然反扑，因而全军大溃。在这次
战役中，赵匡胤表现了出色的指挥才能与
勇敢精神，改变了战场的形势，后周军队

转危为安，转败为胜。

高平战役后，赵匡胤被提拔为殿前都虞侯，领严州刺史。这次战役使周世宗痛感军纪不严，兵力不振，骄兵悍将，临阵溃逃，使他几乎陷入绝境。他决心彻底整顿军纪，首先他把樊爱能、何徽等七十多名临阵脱逃的将领斩首。继而又授权给他所欣赏的赵匡胤。对禁军裁汰老弱，精选强壮，大大整顿了一番，使后周禁军的战斗力大为增强。这次整军，为赵匡胤

掌握禁军提供了机会,也为他以后整军积累了经验。

通过高平战役,使周世宗感到赵匡胤不只是一介武夫,仅有匹夫之勇,而是一个智勇双全,具有战略眼光的将才。这使赵匡胤深为周世宗所倚重。显德二年(955年),后周攻打蜀国秦、凤等州,但攻了很久都没有攻下来。周世宗不甘心师出无功,就派赵匡胤前去观察一下,能否打赢。赵匡胤到前线认真观察了战势,回来报告说可以获胜。果然不出一个月,就传回了捷报。

周世宗在进行内部改革的同时，也开始了统一天下的事业，赵匡胤在统一战争中建立了卓著的功勋。显德三年（956年），后周进攻南唐，久攻寿州不下。而淮水下游涂山驻扎着的一万多唐军则随时有可能包抄周军。周世宗派赵匡胤去解除这一威胁。赵匡胤在涡口设下伏兵，然后派一百多骑兵前去唐军营前挑战，佯败，且战且退，把唐军引入包围圈，打败唐军，杀死唐将何延锡，夺得战舰五十多艘，解除了周军围困寿州的后顾之忧，但唐军还随时有可能从滁州增援，在涡口破敌后，周世宗又派赵匡胤远道奔袭滁州。唐军皇甫晖拒之于清流关下，赵匡胤初战失利。他感到不能硬碰，必须智取，就密访当地人，怎样才能绕过清流关，直捣滁州。在当地人的指点下，赵匡胤率兵走后山小路，突然出现在滁州城下。皇甫晖大惊，慌忙退回州城，赵匡胤紧逼城

下。皇甫晖说："人各为其主，愿从容成列而战。"赵匡胤应允。皇甫晖稍定惊魂，率兵复出，还未站稳，赵匡胤只身飞骑，突入敌阵，大吼一声："我要捉的是皇甫晖，其他人不是我的敌人！"皇甫晖一愣神，已被赵匡胤一剑砍在头上。一拥而上的周军活捉了受伤的皇甫晖，一举攻克了滁州。被俘后的皇甫晖对周世宗叹息道："臣非不忠于所事，但士卒勇怯不同耳，臣向日屡与契丹战，未尝见兵精于此。"盛赞赵匡胤的英勇。

在滁州，对于赵匡胤来说具有重要意义的是，他在这里结识了辅佐他将来创立北宋王朝的核心人物赵普。这意义无异于刘备结识了诸

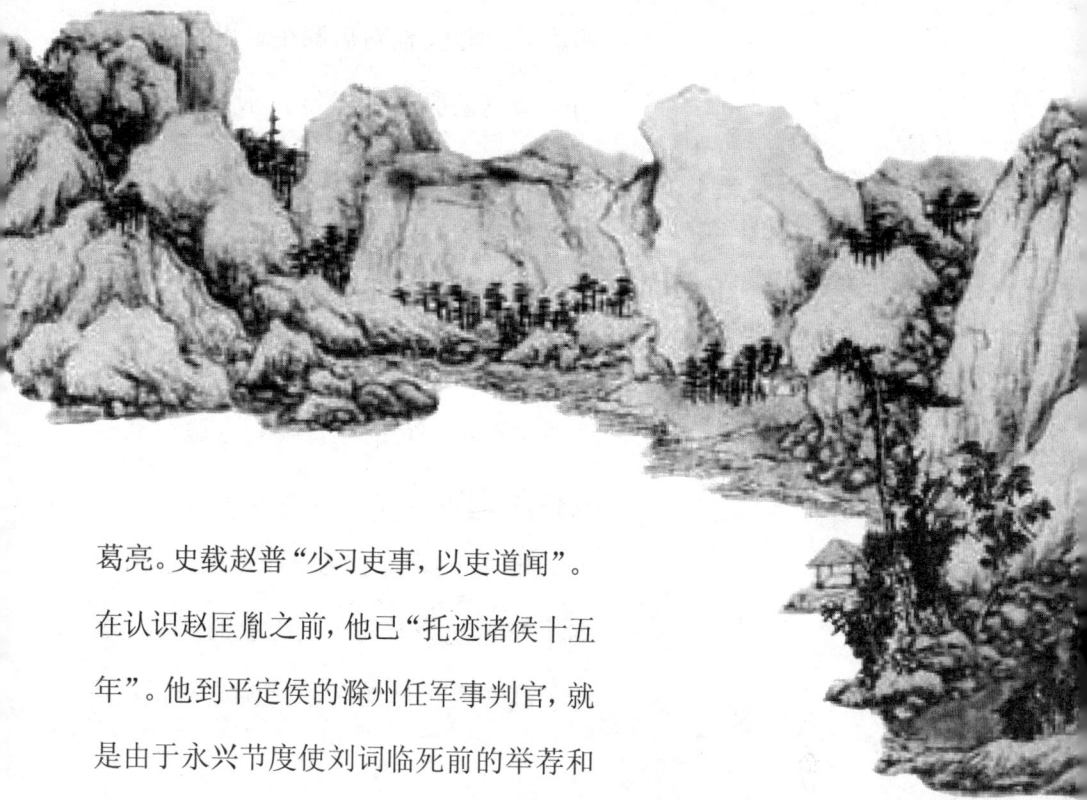

葛亮。史载赵普"少习吏事，以吏道闻"。在认识赵匡胤之前，他已"托迹诸侯十五年"。他到平定侯的滁州任军事判官，就是由于永兴节度使刘词临死前的举荐和后周宰相范质的提名。赵匡胤与赵普虽未有"隆中对"，但初次相见，赵普的一番谈话，已使赵匡胤感到这是一个重要谋臣。随后，赵普在滁州处理狱事，也使赵匡胤很钦佩。然而当时赵匡胤的地位还不可能将赵普收罗在身边。而赵普也没有轻视这个地位还不是很高的武将，凭他多年的经验，认准了这颗正在升起的新星。因此，他对病倒在滁州的赵匡胤的父亲赵宏殷，端茶送药，殷勤服侍，使赵宏殷深为感动，"待以宗分"。这使赵普与赵匡胤结下了很深的私交。所以八个月后，当赵匡胤被任命为同州节度使兼殿前都指挥使时，就立即上表把已经做了渭州军事判官的赵普要到身边做节度使推官，赵匡胤集团开始初步形成。

此时，赵匡胤作为一个军人，已由一名小校迅速成长为一员出色的武将。这除了其军人家庭给他的熏陶之外，主要

还是他亲冒矢石、身经百战的锻炼。而且从小校到殿前都指挥使，从将兵到御将，也使他在原本具有的匹夫之勇和战术计谋之外，逐步锻炼得具有战略眼光。

赵匡胤战功卓著，迅速升迁。在任命为同州节度使不久，又因攻克寿州有功，改任为义成军节度使。一年后，因征淮南有功，又改任为忠武军节度使。同时他一直担任殿前都指挥使，握有禁军大权。

三、陈桥兵变

五代十国时期，烽火不熄，政局动荡不定。五十四年间，有八姓十四帝，平均每四年更换一个皇帝。这些皇帝的即位，多数是靠拥重兵夺得。如后梁太祖朱温，后唐庄宗李存勖的皇位都是靠多年血战夺得；后晋高祖石敬瑭是借契丹的兵力自立；后汉高祖刘知远是以河东节度使的身份乘乱称帝；后唐明宗李嗣源、末帝李从珂、后周太祖郭威的皇位，都是靠

禁军夺得。所以，在这些人头脑中，已经没有什么君权神授的观念。燕王刘守光公然说："我地方二千里，带甲三十万，直作河北天子，谁能禁我！"安重荣说得更加直截了当："天子，兵强马壮者当之，宁有种乎！"整个五代十国，都是一种实力的角逐。谁有实力，谁兵强马壮，谁就可以实现野心。生活在这样一个时代，心怀异志的赵匡胤早已看透了这一点。

　　显德六年（959年），周世宗亲征契丹时，在军中看到了一个奇怪的木牌，上面写着"点检为天子"五个字。这使周世宗疑心重重。不久周世宗在军中病倒，回到汴京。但是殿前都点检是周太祖郭威的女婿张永德，与周世宗辈分平等。而病中的周世宗想到皇位继承人是年仅7岁的皇长子柴宗训，自己死后，张永德辈分居上，手握重兵，可能会跋扈难制。于是就解除了张永德的军职，代之以他认为忠实可靠的大将赵匡胤。就这样，赵匡胤轻而易举地掌握禁军最高指挥权。

　　不久，后周世宗柴荣病死，7岁的柴宗训即位。此时的赵匡胤也已从殿前都虞侯

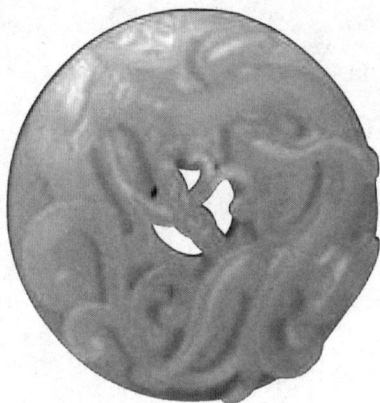

作到殿前都点检，掌军政已达六年，在军队中势力很大，威信很高。他不仅手握军权，还把一些重要将领拉拢到自己的身边，如与石守信、王审琦等人结成义社十兄弟。后周这种"主少国疑"的局面，自然为赵匡胤取代后周统治提供了极好的机会。对于赵匡胤势力的渐大，在周世宗在世的时候，已经有一些人感到不安了，右拾遗杨徽之曾对周世宗说赵匡胤威望太高，不宜典禁军。在周世宗死后，韩通

同赵匡胤一起掌握禁军，他的儿子也劝韩通寻找机会把赵匡胤除掉，韩通不听。于是郭威代汉一幕，不到十年又重演了。

显德七年（960年）正月初一，忽然传来辽国联合北汉大举入侵镇、定二州的消息。当时主政的符太后乃一介女流，毫无主见，听说此事，茫然不知所措，最后屈尊求救于宰相范质，皇室威严荡然无存。范质暗思朝中大将唯赵匡胤才能解救危难，因此就派赵匡胤统帅禁军北征抵御契丹的进攻。不料赵匡胤却推脱说兵少将寡，不能出战。这种伎俩与九年前郭威代汉如出一辙，拙劣的模仿使赵

匡胤的企图暴露无遗。范质只得委赵匡
胤以最高军权，可以调动全国兵马。"司
马昭之心，路人皆知"。京城中纷纷传说
"出军之日，策点检为天子"，人们害怕
因政局变动而遭受洗劫，争为逃匿之计。
这件事只有内廷不知。

几天后，赵匡胤统率大军出了东京城
（今河南开封），行军至陈桥驿（今河南封
丘东南陈桥镇）因天色已晚，就在那里驻
扎下来。当时，大军刚离开不久，东京城

内就起了一阵谣传，说赵匡胤将做天子，这个谣言不知是何人所传，但多数人不信，朝中文武百官也略知一二，谁也不敢相信，却慌作一团。赵匡胤此时虽不在朝中，但东京城内所发生的一切他都了如指掌，而且这也是他的杰作。周世宗在位时，他正是用此计使驸马张永德免去了殿前都点检的职务而由他接任。赵匡胤知道皇帝的心理，就怕自己的江山被人夺走，所以他们疑心很重。这次故伎重施，是为了造成朝廷的慌乱，并使他的军队除了绝对听命于他外别无他路。

当晚，赵匡胤的亲信便在将士中制造舆论："现在周帝幼小，不能亲政，我辈冒死为国家抵御外敌，又有谁知道！不如先立点检为天子，然后再北征也不晚。"五代十国以来，牙兵悍将动辄拥立主帅。因此，这些话果真把一些将士的情绪煽动起来，要求拥立赵匡胤。这

时一直在幕后策划的赵匡胤的弟弟赵匡
义（即后来的宋太宗赵光义）和归德军掌
书记赵普走到前台，他们表面上劝将士们
不要这样做。名为劝阻，实为激将。果然
群情汹汹。赵普、赵匡义看到时机成熟，
就派人连夜回到京城通知赵匡胤的把兄
弟殿前都指挥使石守信和殿前都虞侯王
审琦，让他们在京城策应。部署妥当，天
已蒙蒙亮了。于是便演出了一场兵变的把
戏。全副武装的将士团团围住赵匡胤的
住处，把佯作不知的赵匡胤喊了出来，将
士把象征皇权的黄袍加在赵匡胤身上，

高呼万岁，拥立他为皇帝。

赵匡胤假意推辞，将士不允。作为将士，拥立主帅，这对周朝来说是大逆不道的。如果赵匡胤拒绝了，以后这些将士的性命也难保。而如果拥立成功，他们又成了开国有功之臣，所以，只要赵匡胤同意拥戴，这些将士对赵匡胤的话就自然是无所不从。赵匡胤抓住将士们的这种心理，就说："你们贪图富贵，立我为天子，如果你们肯听从我的命令，我就干，否则我不能干。"将士们异口同声地说我们听你的。于是，赵匡胤说："周少帝及太后是我们所侍奉的，朝中公卿大臣与我平起平坐，你们不能伤害他们。以前改朝换代，初入京城，皆纵兵大掠，你们不能这样做，事成之后，我会重赏你们，不听命者诛九族。"与将士们约法如此后，就整军回师京城。除了韩通想组织反叛被杀

外，几乎是兵不血刃地成功进行了这次
政变。

以和平的方式进行朝代更替，可以
说是赵匡胤集团的既定策略。因为这样
有利于稳定局势巩固统治，继续进行周
世宗所未完成的内政改革和统一事业。
在周世宗死后，能够继承其事业的，不是

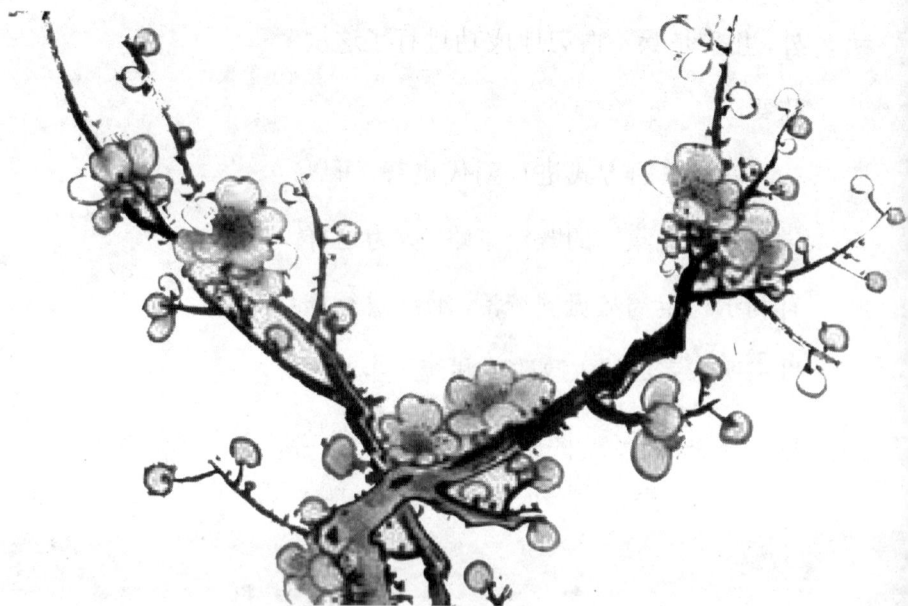

7岁的周少帝所能胜任的。各种实力与势力比较的结果，只能是赵匡胤，而不可能是别人，这便是历史的选择。

极为温和的禅位顺利地进行着，看上去似乎是仓促事变，但禅位诏书竟也有人事先准备好了。因为赵匡胤所领的归德军就在宋州（今河南商丘），所以定国号为"宋"。至此，大宋王朝在中国历史上诞生了。

当然，事情并不是一帆风顺的，诏令

传布天下后，也并不是四方臣服。后周开
国功臣、镇守在潞州（今山西长治）的昭
义节度使李筠素怀野心，首先起兵反抗。
此后又有淮南节度使李重进反叛。然而，
他们的实力都不足以同赵匡胤抗衡，赵
匡胤率兵亲征，各个击破，在不到半年的
时间里就将反叛平定了。

　　赵匡胤和平代周，客观上说，是有进
步意义的。否则7岁的周少帝当政，不可
能使周世宗未完成的事业继续进行，如

果四周政权乘后周"主少国疑"进犯，中原势必又会重新陷入混乱。而赵匡胤代周，则保证了周世宗的各项改革措施与统一事业的继续进行和大步前进。

民间传说，在陈桥驿的时候，发生了这么一件事：

一天，元帅帐内，赵匡胤正一个人喝着酒，喝着喝着，他突然起身向掌书记赵普的营帐走去。

来到赵普营帐，他随意看了一眼帐内，问道："赵大人，歇息得可好？"

"多谢将军关心。"赵普暗暗揣测着这位顶头上司深夜造访的含意。

赵匡胤谦虚地说道:"我有一件事想请教大人。"

"将军请说,普一定知无不言。"赵普惶恐不安。

"我一直想不明白汉高祖刘邦本是一市井无赖,为什么却得了西汉两百年天下?"

"将军,刘邦本人并无特别才能,只是他手下有一批人本事很大,刘邦的成功是他驾驭人才的成功。"

赵匡胤诧异道:"哦?你说刘邦手下有什么人才?我读书不多。"

赵普道:"文有萧何、曹参;武有韩信、张良。"

赵匡胤道:"萧何这名字倒挺熟悉的。"

赵普道:"萧何乃刘邦手下第一大谋士,可以这么说,如果没有萧何,刘邦就

得不到天下。"

赵匡胤看着赵普,突然发现了什么似的,嘴里连连说着"不错",最后留下了一句"赵大人倒挺像萧何的"就走了。只剩下赵普还在苦苦地思索这句话的含义。

赵匡胤又接着来到了其弟赵匡义的营帐内。

赵匡义道:"不知兄长驾到,可有何事?"

赵匡胤一脸无奈,叹道:"近来东京城内谣言四起,说点检将做天子,这是满门抄斩之罪啊!为兄担心要连累弟弟了。"

　　赵匡义气愤地说道："这一定是有人陷害，咱们行得正，没什么可怕的！"

　　赵匡胤又叹了一声："唉，当今新主年幼，太后又是女流，只怕他们听信谗言，赵家就要多灾了。"

　　赵匡义看着兄长，一副欲言又止的样子。赵匡胤看在眼里，他说："你有什么话尽管说，难道还有比杀头更大的罪吗？"

　　赵匡义紧握双拳，大声说道："干脆

反了吧！咱们在前方拼命，他们在朝中享福，不仅不发兵饷，还要疑来疑去。况且点检做天子也许是天意呢，我们不能逆天而行。"

赵匡胤变了脸色，一把握住宝剑怒道："住嘴！你怎能说出如此大逆不道的话来！想我们赵家世受皇恩，万万不能有此想法，今天我要替家祖杀了你这个忤逆的子孙！"

赵匡义急忙上前按住剑柄，说道："兄长，现在情况紧急，心软就是对自己残忍，况且咱们无辜受死，赵家就会绝后，你对得起九泉之下的父亲吗？"

赵匡胤听了此话，好像了一样，他突然面向北方跪了下来，道："先皇在

上，臣赵匡胤一片忠心，日月可鉴，但是朝中大臣却不容我，我该怎么办啊？"

赵匡义扶起他兄长，说道："兄长放心，只要你点头答应了，余下的事就交给我去办，不会叫你为难的。各位将军都对你忠心耿耿。"

赵匡胤不置可否，他跌跌撞撞地走出营帐，回到自己帐里大喝好酒而睡。

当夜，军中起了一阵骚动，人人都在议论，军粮断绝，朝政被韩通把持拒不发饷。因主帅赵匡胤烂醉如泥，赵普提议各位将军一起召开紧急会议。

第二天，当赵匡胤还在睡梦中的时候，忽被一阵"万岁"声惊醒，大将高怀德

捧着黄袍，不由分说就披在了赵匡胤的身上，三军高呼万岁，响彻云霄。赵匡胤推辞再三，众人以死相胁，最后赵匡胤依刘邦故事约法三章，大军向东京进军。城内殿前都指挥使石守信，都虞侯王审琦早已恭候多时，此二人都是赵匡胤的心腹。接下来的事情正如上面所说，赵匡胤逼使恭帝禅位，轻易地夺取了后周政权，改国号为"宋"，建立了赵宋王朝。

这就是历史上有名的陈桥兵变。

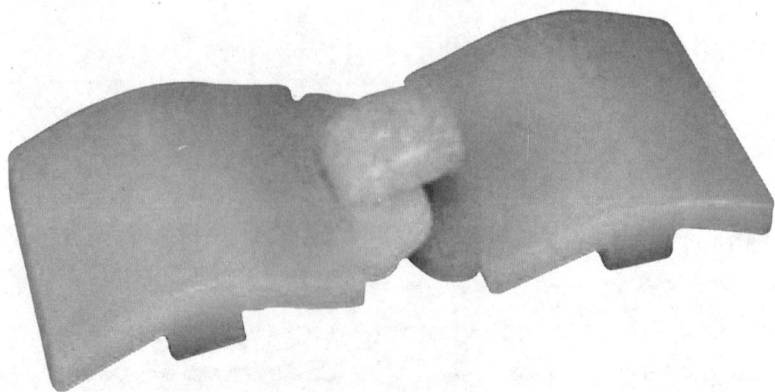

四、建立宋朝

（一）初登大宝，转变形象

赵匡胤是个军人，他一生中的大部分时间都是戎马生涯。黄袍加身之后，他平定叛乱，征伐群雄，所进行的军事行动，包括"杯酒释兵权"这样的调整军事机构的做法，也是从军事角度来考虑如何巩固政权的。然而，从他登上皇位的那天起，他就已经开始了从军人向政治家的转变。这一方面是他自己的主观所为，另

一方面也是整个北宋统治集团这样来要求他的。

最初，宋太祖同五代时期的许多军人一样，瞧不起文人儒生，崇尚的是武力。有一次，宋太祖与赵普路过朱雀门。宋太祖指着门上的牌匾问："为什么不直接叫'朱雀门'，中间加个'之'字有什

么用？"赵普回答："之"是语助词。宋太
祖轻蔑地笑了笑说："之乎者也，助得甚
事！"由此可见，宋太祖从武将骤然当了
皇帝，开始还保留着许多过去的习气。有
一天，他在禁中后苑弹雀，正玩得起劲，
有臣子称有事请求召见，他只好放下弹子
去见，一问是一般政务。宋太祖很生气，
就责问那人为什么谎称急事骗他，那人
说："这事也比陛下弹雀要急。"宋太祖
大怒，随手拿起身边的斧子，用斧柄向那

人打去，打落了那人的两颗门牙。那人慢慢弯下腰，拾起牙齿放在口袋里。宋太祖问："你把打落的牙齿收起来，难道还想告我吗？"这话的确像个蛮不讲理的武夫所言。也许宋太祖此时在盛怒下忘却了自己的身份。但那人却从容回答说："臣不能讼陛下，自有史官书之。"这句话等于警戒赵匡胤，你做了皇帝也不能为所欲

为。宋太祖的自我反省精神还是很强的，那人的这句话，使他意识到自己的身份，立刻堆下笑脸，赏赐了那人许多金帛。

还有一次，宋太祖到太庙祭祖，看见里面摆设有许多礼器，武人出身的赵匡胤，不认识这是些什么东西，就问："那是什么东西？"侍臣说是礼器。宋太祖说："我祖宗哪认识这些东西！"就命令撤

掉，换上日常用的碗碟和家常便饭。祭祀结束后，宋太祖醒悟到，这已经不是普通老百姓的祭祀了，于是又令侍臣把那些撤掉的礼器重新摆上。

宋太祖赵匡胤时常反省自己的言行，这使他加速了从军人到政治家的转化过程，迅速适应了新的地位。有一天罢朝，宋太祖一直闷闷不乐，内侍问他为什么。他说："你以为天子那么好当吗？"早朝的时候，我由着性子办了一件事。现在想

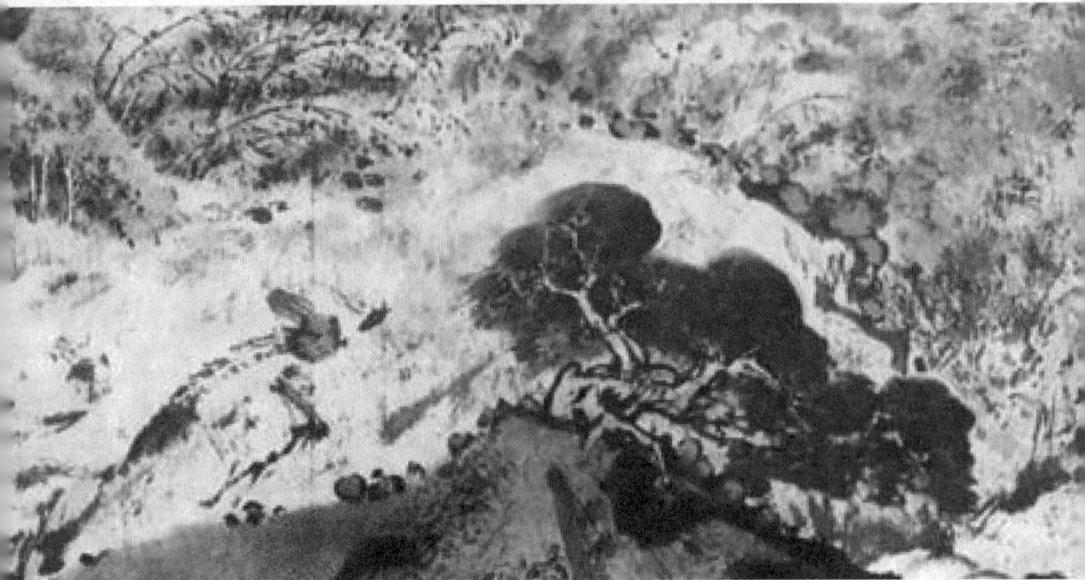

起来做错了，所以难过。

对宋太祖赵匡胤影响最大的，应当说还是辅佐他登上皇位的重要谋士赵普。赵普在赵匡胤登基之后的地位，虽然不像唐太宗手下的魏徵，但也是经常犯言直谏。有一次，他推荐某人可以为某官，宋太祖不同意。赵普第二天又提起那个人，宋太祖还是不同意。第三天赵普还推荐那个人，宋太祖大怒，抢过赵普的奏折，撕碎扔到地上。赵普脸不变色，跪下

拾了起来，第二天把撕碎的奏折粘起来，继续推荐那个人。太祖拗不过赵普，终于同意了。还有一次，赵普提出了一个宋太祖很反感的人升官。宋太祖不同意，赵普仍坚持请求。宋太祖大怒，说道："我就不给他升官，你能怎么着我？"赵普严肃地说："刑赏，天下之刑赏，怎么能以陛下你一个人的喜怒来决定呢？"

当了皇帝的赵匡胤，逐渐明白了，天下由马上得之，却不能以马上守之。在太平的岁月中，统治集团中文人儒士显示出越来越大的作用，使得宋太祖不止一次感慨地说："宰相须用读书人！"从自身的体验出发，赵匡胤对臣子说："今之武臣，亦当使其读书，欲其知为治之道也。"

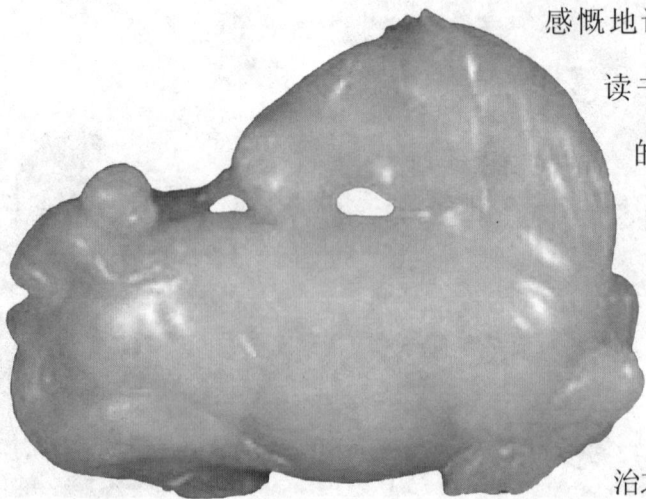

（二）杯酒释兵权

赵匡胤虽然登上了皇帝宝座，但他却不敢高枕无忧。即位后不出半年，就有两个节度使起兵反对宋朝。宋太祖亲自出征，费了很大劲儿，才把他们平定。为了这件事，宋太祖心里总不大踏实。他深刻地认识到，武将们在废立皇帝、改朝换代

方面有着非常大的能量。是啊，他自己既然可以以武将的身份和实力去推翻国君，其他将领不也可以用同样的方式来推翻他吗？想到这里，他不寒而栗。尤其使他感到威胁的是一些声望较高又握有重兵的大将。为了防患于未然，赵匡胤决计拿他们开刀。

有一次，他单独找赵普谈话，问他说："自从唐朝末年以来，换了五个朝代，没完没了地打仗，不知道死了多少老百姓。这到底是什么道理？"

赵普说："道理很简单。国家混乱，毛病就出在藩镇权力太大。如果把兵权

集中到朝廷，天下自然太平无事了。"

宋太祖连连点头，赞赏赵普说得好。

后来，赵普又对宋太祖说："禁军大将石守信、王审琦两人，兵权太大，还是把他们调离禁军为好。"

宋太祖说："你放心，这两人是我的老朋友，不会反对我。"

赵普说："我并不担心他们叛变。但是据我看，这两个人没有统帅的才能，管不住下面的将士。有朝一日，下面的人闹起事来，只怕他们也身不由己呀！"

宋太祖敲敲自己的额角说："亏得你

提醒一下。"

于是，太祖废除了殿前都点检一职，接着就导演了一出"杯酒释兵权"的喜剧。一天，宋太祖在宫里举行宴会，请石守信、王审琦等几位老将喝酒。酒过几巡，宋太祖命令在旁侍候的太监退出。他

拿起一杯酒，先请大家干了杯，说："我要不是有你们帮助，也不会有现在这个地位。但是你们哪儿知道，做皇帝也有很大难处，还不如做个节度使自在。不瞒各位说，这一年来，我就没有一夜睡过安稳觉。"

石守信等人听了十分惊奇，连忙问这是什么缘故。宋太祖说："这还不明白？皇帝这个位子，谁不眼红呀？"

石守信等听出话音来了。大家着了慌，跪在地上说："陛下为什么说这样的话？现在天下已经安定了，谁还敢对陛下三心二意？"

宋太祖摇摇头说："对你们几位我还信不过？只怕你们的部下将士当中，有人贪图富贵，把黄袍披在你们身上。你们想不干，能行吗？"

石守信等听到这里，感到大祸临头，连连磕头，含着眼泪说："我们都是粗人，没想到这一点，请陛下指引一条出路。"

宋太祖说:"我替你们着想,你们不如把兵权交出来,到地方上去做个闲官,买点田产房屋,给子孙留点家业,快快活活度个晚年。我和你们结为亲家,彼此毫无猜疑,不是更好吗?"

石守信等齐声说:"陛下想得太周到啦!"

酒席一散,大家各自回家。第二天上朝,每人都递上一份奏章,说自己年老多病,请求辞职。宋太祖马上照准,收回他们的兵权,赏给他们一大笔财物,打发他们到各地去做节度使。在解除石守信等

宿将的兵权后，太祖另选一些资历浅，个人威望不高，容易控制的人担任禁军将领。禁军领兵权析而为三，以名位较低的将领掌握三衙，这就意味着皇权对军队控制的加强，以后宋太祖还兑现了与禁军高级将领联姻的诺言，把守寡的妹妹嫁给高怀德，后来又把女儿嫁给石守信和王审琦的儿子。张令铎的女儿则嫁给太祖三弟赵光美。

历史上把这件事称为"杯酒释兵权"。969年，又有一些节度使到京城来朝

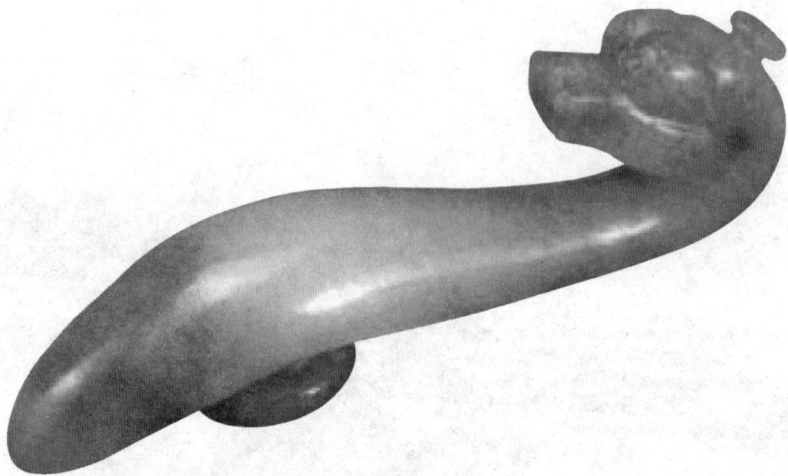

见。宋太祖在御花园举行宴会。太祖说：

"你们都是国家老臣，现在藩镇的事务那么繁忙，还要你们干这种苦差，我真过意不去！"

有个乖巧的节度使马上接口说："我本来没什么功劳，留在这个位子上也不合适，希望陛下让我告老回乡。"

也有个节度使不知趣，唠唠叨叨地把自己的经历夸说了一番，说自己立过多少多少功劳。宋太祖听了，直皱眉头，说："这都是陈年老账了，尽提它干什么？"

宋太祖收回地方将领的兵权以后，建立了新的军事制度，从地方军队挑选

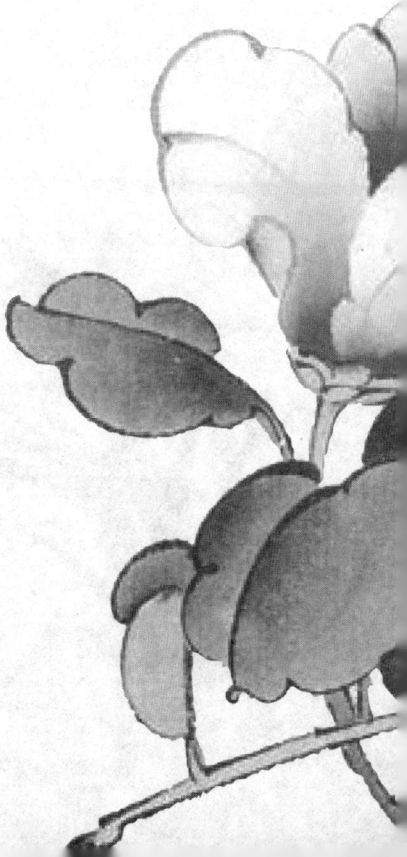

出精兵，编成禁军，由皇帝直接控制；各地行政长官也由朝廷委派。通过这些措施，新建立的北宋王朝开始稳定下来。

宋太祖的做法后来一直为其后辈沿用，主要是为了防止兵变，但这样一来，兵不知将，将不知兵，能调动军队的不能直接带兵，能直接带兵的又不能调动军队，虽然成功地防止了军队的政变，却削弱了部队的作战能力，以至后来宋朝在与辽、金、西夏的战争中，连连败北。

（三）统一全国

　　宋太祖初步巩固了内部，但他并不能安枕，他对赵普说："吾睡不能着，一榻之外，皆是他人家也。"宋太祖懂得，对他这个新生政权的威胁，不仅来自内部，而且还来自外部。后梁被后唐几十年血战攻灭的近代史不断提醒宋太祖，而后周世宗南征北战开拓疆土带来的大好形势也鼓舞着宋太祖。他决心扫灭群雄，改变分裂的局面，统一天下。在当时，中原最有条件，力能胜任统一全国的，只有宋王朝。其他各国基本上都是已经偏安多年，统治腐朽，内乱频仍。而宋王朝建立之前，周世宗内革弊政，外拓疆土，经济军事力量日益强盛，非他国可比。赵匡胤代周，也继承了这样一个大好的局面。因此，自然要把周世宗未完成的事业进行下去。

然而，宋朝建国之初，所统治的地方

只有黄河、淮河流域一带，宋朝北面有北汉和契丹，西面有后蜀，南面有南唐、吴越、荆南、湖南、南汉各国，每一个国家都有独立的势力，而且他们也都在窥视宋朝的态度。在此虎视眈眈的情况下，使宋朝不能高枕无忧，必须把这些小国或外族，消灭或制伏，才能完成天下的统一，奠立宋朝国基。

在一个大雪纷飞的夜晚，赵匡胤扣响了宰相赵普府邸的大门，赵普开门一看，宋太祖立于风雪之中。赵普慌忙把宋太祖迎了进来。不久，赵匡义也应宋太祖之约来了。这三个赵匡胤集团的核心人物，坐在堂中，围着红红的炭火，吃着烤肉。赵普的妻子给他们斟酒，宋太祖也以大嫂相称，君臣亲密无间，仿佛又回到了赵匡胤未即位以前的岁月。

赵普问道："夜深天冷的，陛下为什

么还出来？"

赵匡胤："我睡不着啊！一榻之外，都是别人家的天下，所以特地来见见你。"

赵普："陛下是否觉得自己的天下过于狭小？南征北伐，一统天下，现在是极好的时机，不知陛下在进军方向问题上是怎样考虑的。"

赵匡胤故意说："我想先攻打北汉国都太原。"

赵普分析道：北汉有契丹为后援，攻之有害无利。况且北汉挡西北两面，太原如果被我们攻下，那么西北两面，就要我们独挡。即使灭亡了北汉，又要独自承担契丹的强大压力，倒不如先保存北汉，作为阻隔契丹的屏蔽，集中力量翦灭南方各国，等削平了各国之后，则北汉弹丸之地，还能逃到哪里去呢？"太祖笑了笑说："我也正是这样想的，不过想试探一下你的意思。"宋太祖的设想也曾与其弟

赵匡义谈过："中国自五代以来，兵连祸结，帑藏空虚，必先取巴蜀，次及广南、江南，即国用富饶矣。河东与契丹接境，若取之，则契丹之患，我当之也。姑存之，以为我屏障。"王朴旧策的启示，赵普的见解，使赵匡胤最后确定了"先南后北""先易后难"的战略方针，这件事，就是历史上著名的"雪夜定策"。

1.征讨荆南

战略方针确定后，宋太祖准备征伐的第一个目标就是高继冲盘踞的荆南。荆南的军事力量比较薄弱，但战略位置却很重要。这里南通长沙，东距建康，西接巴蜀，是宋太祖西征南下的要冲。宋太祖派人出使荆南时，就对使者说："江陵人情取就，山川向背，我尽欲知之。"使者回来说，荆南兵力不强，民困暴敛，很容易攻取。尽管如此，宋太祖还是想出师有名。恰巧，机会来了。割据湖南的武平节度使周行逢病死，其11岁的儿子周保权袭位，大将张文表不服而反叛。周保权一面派兵抵抗，一面向宋王朝求援。于是，宋太祖就决定借道荆南，名义上是援助湖南周保权，实则一箭双雕，乘机灭掉这两个政权。宋太祖派遣的慕容延钊率领的大军几乎没遇到什么大的抵抗，就先后灭掉了荆南、湖南两个割据政权。

2.平定后蜀

接着，宋太祖又以西蜀勾结北汉伐宋为名，于乾德二年(964年)十一月初二，发兵5万，分两路攻蜀：令王全斌、崔彦进为西川行管凤州路正、副都部署，王仁赡为都监，率北路步骑兵三万出凤州(今陕西凤县东北)，沿嘉陵江南下；令刘光义

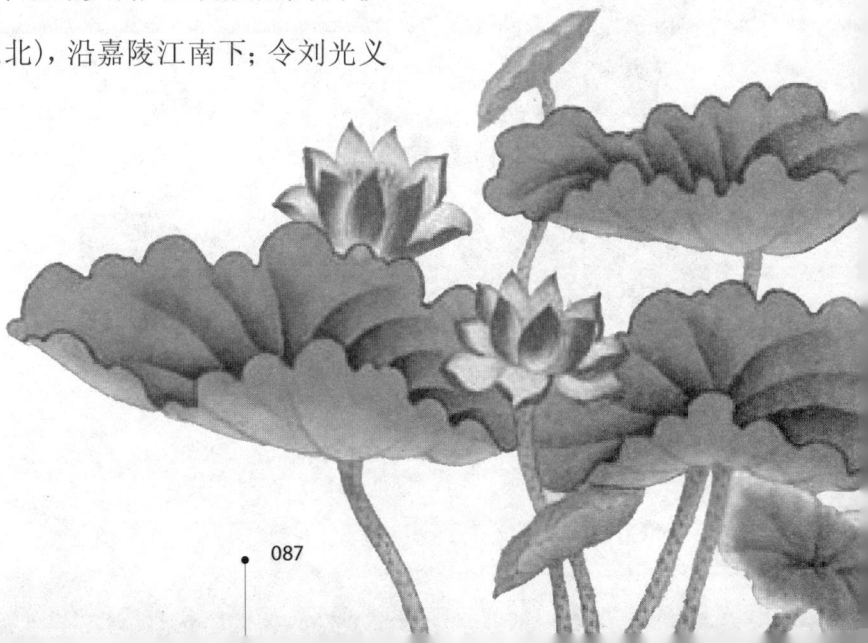

为归州路副都部署,曹彬为都监,率东路步骑兵两万出归州(今湖北秭归),溯江而上。两路分进合击,直指成都。赵匡胤利用蜀降将赵彦韬提供的情报,针对巴蜀有嘉陵江、长江直贯南北、东西的地形特点和蜀军防务上兵力不足的弱点,采取东、北两路沿长江、嘉陵江分进合击的部署。刘光义在夔州,针对蜀军锁江设防,水强陆弱的情况,适时舍舟登岸,先夺取两岸,然后水陆配合,一举突破蜀军利用浮梁所组织的防御要点,接着沿长江长驱直入。北路主将王全斌善于迂回、夹击,避坚击罅,迅速地攻占利州。又用奇

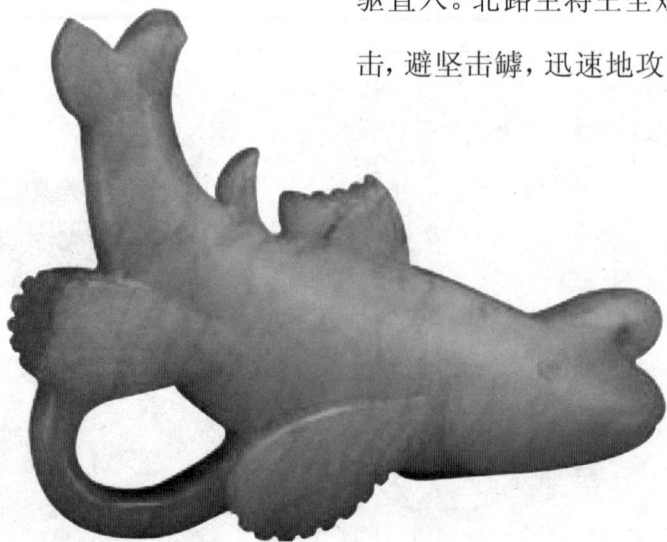

兵出至敌后，因而能较快地突破剑阁险隘，在东路军的配合下直逼成都。乾德三年正月初七，孟昶见大势已去，出城投降，后蜀亡。

3.攻取南汉

当年南汉以广州为中心，割据岭南两广地区达六十年之久。北宋平定后蜀后，潘美等宋将就趁机攻取了南汉的郴州，形成了良好的进攻态势。

这一年，潘美等接到宋太祖灭亡南汉的指示后，很快就攻陷了贺州，随之连克昭、杜、连、韶四州，大败南汉军十余万军队于莲花峰下。至次年二月，即攻克广州，南汉灭亡。

南汉灭亡之后，南方剩下的最后三个割据政权个个自危，震恐异常。势力最强大的南唐皇帝李煜这时也不得不主动要求取消国号，放弃皇帝的称号，改称"江南国主"。另外两个割据政权吴越和

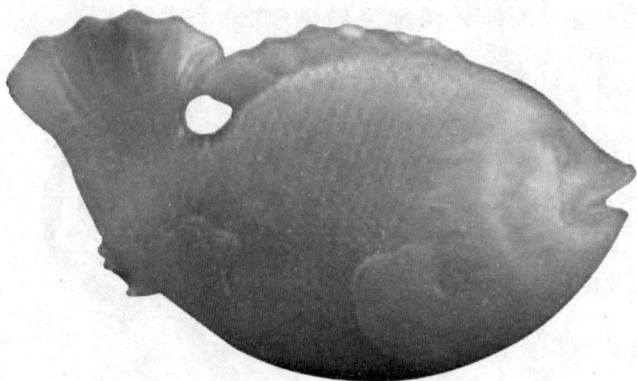

漳泉早就上表称臣，接受宋朝的官职。

4.征服江南

开宝四年(971年)二月，宋灭南汉之后，从北、西、南三面对南唐形成战略包围。宋太祖志在统一江南，认为"卧榻之侧，岂容他人鼾睡"，绝不允许南唐存在下去。经过三年的准备，开宝七年(974年)十月，宋太祖令曹彬为统帅、潘美为都监，率水、步、骑兵在采石一线强行渡江，进围金陵；同时令吴越国主钱俶统率吴越军五万，由宋将丁德裕监军，从东面攻取长州，然后会师金陵；令王明为西路军，向武昌方向进击，牵制屯驻在江西的南唐军队，使其无法东下援救金陵。

十一月中旬，宋军依照樊若水的图示在采石用预先造好的战舰架设浮桥获得成功，其主力部队通过浮桥，顺利跨过了长江天堑，大败南唐水陆兵十余万于秦淮，直逼金陵城下。与此同时，钱俶率兵攻克了长州、江阴、润州，形成了对金陵的外线包围，金陵成了一座孤城。十一月二十七日，在李煜仍不投降的情况下，宋军发起总攻，金陵城破，李煜做了俘虏。

灭南唐是宋太祖统一南方的最后一仗，也是当时最大的一次江河作战。这次战争中的"浮桥渡江""围城打援"，是宋太祖战略部署中的得意之举，也是古代战争史上的创举。

5.北征失败

宋朝南征，几乎没费什么力气就平定了。但宋太祖念念不忘的是恢复汉唐旧疆，平定北汉，收复燕云十六州。开宝二年九月，宋太祖派李继勋率兵攻北汉，因契丹军来援，无功而返。十月太祖亲征北汉。宋军筑长连城围攻太原，北汉大将杨继业（即杨业，杨老令公）出城进犯宋东西砦，败还，辽军分两路援救北汉，一路自石岭关入，为宋军败于阳曲。后来，太原城水灾，城中惊恐，大臣郭无欲谋降

宋，被杀，契丹再派兵驰援北汉，太原得以保住。宋军则因屯兵太原城下，久攻不克，损兵折将，又因暑雨，士卒多病，遂班师。太祖共在开宝元年、二年、九年三次攻打北汉，均因辽军来援，屯兵太原城，久攻不克而还。

此志未酬，宋太祖把平定江南诸国所得的金帛运回汴京，建立了封桩库，准备贮满五百万之后，向契丹国赎回燕云十六州，如果契丹不肯，就用这笔钱作为军费，兵戎相见。终太祖之世，除北汉外，基本上结束了延续几十年的分裂局面，中原和南方广大地区实现了"天下一家"。扫平群雄，也应了宋太祖早年吟诵的"逐退群星与残月"的雄心壮志。宋朝统一事业的胜利，除了宋太祖个人的杰出能力之外，更重要的是统一是"分久必合"的大势所趋，人心所向。

（四）完善内政

1.强干弱枝

从唐朝中叶以来，形成了地方藩镇权势过大的局面，他们常常割据一方，乃至进行武装叛乱，给朝廷造成了严重的威胁。在宋王朝建立之后，赵匡胤依据宰相赵普提出的"削夺其权，制其钱谷，收其精兵"的十二字方针，分别从政权、财权、军队这三个方面来削弱藩镇，以达到强干弱枝、居重驭轻的目的。

在"削夺其权"方面，赵匡胤陆续派遣文官到地方州郡担任长官，以取代跋扈难制的军人；并在知州之外设立通判，令两者共掌政权，互相牵制，分散和削弱了地方长官的权力。在"制其钱谷"方面，赵匡胤设置转运使来管理地方财政，并规定，各州的赋税收入除留下正常的经费开支外，其余的一律送交京师，不得擅留。这样，既增加了中央的财政收入，又使地方无法拥有对抗中央的物质基础。在"收其精兵"方面，赵匡胤将厢

军、乡兵等地方军中的精锐将士，统统抽调到中央禁军，使禁军人数扩充到几十万，而地方部队只剩下一些老弱兵员，只能充当杂役，缺乏作战能力，根本无法和中央禁军抗衡，这就摧毁了地方反抗中央的军事基础。

太祖通过对藩镇权力的剥夺，对武臣的压抑，改变了五代时期藩镇割据、朝廷寡弱、武人跋扈、文臣无权的状况，提高了中央的权威。在中央内部，太祖又着手分割宰臣的权力，为宰相设置了副相参知政事，来分散和牵掣宰相权力，宰相和参知政事统称为执政，而军政归于枢密院，其长官叫枢密使，枢密院与执政合称"二府"，财政大权另归于三司，其长官叫三司使，号称"计相"，这三者地位都差不多，都直属于皇帝。通过对相权的分割，防止了大臣专权的局面，太祖就曾直言不讳地当面对宰相赵普说："国家大事可不是你们书生说了算的。"说明宋代君

主独裁体制得到了空前的巩固和加强。这些措施结束了唐朝中叶以来的藩镇割据局面，维护了国家的统一，促进了社会经济发展，但这些措施也使得官员增多，开支增大，权力互相钳制、地方实力削弱，日后埋下了积贫积弱的种子。

2.改革制度

宋太祖是个十分有志气的皇帝，一天早晨，文武大臣都一个个汇报自己的工作，接着退到殿外。走在最后的是后周老宰相范质，他现在仍是宰相。当范质快要走出殿门时，宋太祖突然传话，范老爱卿，请稍稍留步，朕有一事与你相商。听到传话，范质转过身走回到殿上，重新坐回自己的宰相之座。

原来，在中国古代宰相的地位是很高的，可以和皇帝坐着

说话。人们常说宰相是一人之下，万民之上的官儿，就是皇帝对宰相也是很尊重的，也得礼让三分。因此在上朝君臣议事的时候，宰相可以坐着跟皇帝说话，而其他官员只能够站着。

范质坐下来以后，宋太祖递给他一份大臣汇报的奏折，范爱卿，你看这事如何解决才好？范质接过奏折仔细看了起来。这时宋太祖从龙椅上站了起来，向后宫走去。宰相范质看完奏折后，心里已经想好解决的方法，可是，左等不见皇帝出来，右等也不见皇帝出来，范质实在等不住了，就起身去找皇帝。这时，宋太祖走了出来，范质连忙坐下，可是回头一看，椅子没有了。原来，趁范质起身不注意时，身边的侍卫悄悄把椅子拿走了。

范质不知道如何是好，只得站着和宋太祖说话。以后上朝时，宰相也和其他大臣一样只能站着和皇帝说话，这一制度后来为各朝所沿用。

3.加强中央集权

宋太祖在赵普等大臣的协助下，制定了一系列重文轻武的政策和加强中央集权的措施。

宋太祖把改革军事机构的原则与经验，也应用到改革政治经济制度上来。总的说就是内外相制，上下相维，最终集权于中央，集权于君主一人。

在中央，宋太祖实行政务、财务、军务分立的制度。以中书门下平章事为宰相，同时设参知政事为宰相之副，既协助

宰相处理政务，又可以防止宰相专权。设三司使主持财务，号称计相。沿五代制，由枢密使负责军政。在地方实行州县二级制，州长官称知州，以朝官充任，并规定不得兼任一州以上职务，还经常调整。以文臣知州事，是为了防止武将掌握政权的局面出现，把政权从武人手里收归中央，并在知州之外又设通判，互相牵制。在州县之上，又将全国分为十五路，相当于监察区。每路设官也分权，设有帅司（安抚使）、漕司（转运使）、宪司（提点

刑狱），仓司（提举常平）。

　　宋太祖以和平方式禅代后周，后周的官员基本上全部留任了。这在一定时期内有助于稳定政局，但这并非是长久之计，宋太祖在保留原有官名的基础上，"别为差遣。以治内外之事"。这实际上就逐渐剥夺了原来留任官员的实际权力。把原来的官名作为官员品位禄秩的

标志，差遣才是实职。如中书令，侍中等
是官名，而只有带同中书门下平章事、参
知政事等差遣，才是实际上的宰相、副宰
相。用差遣任官，给人以一种临时性质的
感觉，也同样有防止官员专权的意义。

在财政上，宋太祖削夺了地方的财
政权。五代以来，地方财权都掌握在节度
使手中。宋太祖在乾德三年开始设置转
运使来管理地方财政，要求诸州度支经

费外，财政收入一律运送京师，不得擅留。这样，既保证了中央财政收入，又断绝了地方上藩镇兴起的经济基础。

为了保证新建立的各项制度的实行，赵匡胤建立了一套强有力的监察制度。御史谏官必须由皇帝亲自选拔，宰相大臣不得干预。台谏的职责，本来包括向皇帝进谏。但从宋代开始，却成了天子的法官，督察各级官员的工具。

为了扩大统治基础，宋太祖不但恢复了科举制度，还把殿试制度固定化。他亲自招试士子，禁止及第人对知举官称"恩门"，自己称为"门生"，而使他们都成为"天子门生"。除了以科举选拔人才外，宋太祖平时也留意人才，司马光曾说，宋太祖"知人善任，择用英俊，不问紫级，察内外官有一材一行可取者。密记籍记

之。每一官缺，则披籍选用焉"。

宋太祖赵匡胤从个人品质上看，基本上是一个气度豁达的忠厚长者。他当了皇帝之后，赵普多次劝他报复那些过去对他不好的人。宋太祖说："不能那样做，那时候人们哪知道谁是天子宰相！"赵匡胤这样说的，也是这样做的。宋太祖早年浪迹天涯的时候，在董宗本那里曾受过其子董遵诲的欺辱。宋太祖即位后，董遵诲十分惶恐，董遵诲的部下也乘机上诉其不法之事。宋太祖召见他，他以为必死无疑，这时宋太祖却说："不要害怕，我怎么能念旧恶呢？"于是对他委以重任，并且还把他陷于辽朝幽州的母亲用重金赎了回来。

4.发展生产

曾经流浪的痛苦经历，使赵匡胤对

老百姓的苦难有切身的体会，因此对民生问题十分关注。当天下初定的时候，他马上就实行了宽减徭役的政策，以便农民休养生息，发展生产。961年，他明令免除各道州府征用平民充当劳役，改用军卒担任。第二年，又免除征民搬运戍军衣

物的劳役。若州县不遵令行，百姓可以检举。在五代之乱后，连年的战乱使田地荒芜严重，土地是立国之本，因此赵匡胤下令，凡是新垦土地一律不征税，凡是垦荒成绩突出的州县官吏给予奖励，管辖区内田畴荒芜面积超过一定亩数的，要给予处罚。赵匡胤刚当皇帝仅仅两年，就下令在黄河沿岸修堤筑坝，并大量种树，以做防洪时用。其后多次就黄河的治理下达最高指示，例如在建隆三年（962年），赵匡胤下诏说："沿黄、汴河州县长吏，每岁首令地分兵种榆柳，以壮堤防。"每年的正月、二月、三月，是黄河堤坝的例修期，年年都会加固维修，加固了堤坝还绿化了环境，两全其美。

（五）简朴生活

史载，宋太祖的日常生活很朴素，常常穿着旧衣服，乘坐的车子及穿的衣服多是素色，宫中也没有华丽的装饰。有一次，他发现他的三个女儿穿着用翠鸟羽毛装饰的衣服，就说："今后你们不要再穿这种衣服了。"公主们不以为然地说："这一件衣服才用多少翠羽。"宋太祖说："不是因为这一件衣服，因为你穿一件，宫内宫外就会争相效仿，翠羽的价格昂贵，有的人就会乘机倒卖害民。你生活于富贵之中，要知道惜福。"公主们看到宋太祖的车子很普通，就问："你做了天子，难道还不能用黄金装饰车子吗？"宋太祖严肃地说："我以四海之富，就是把宫殿全用金银装饰起来也办得到。但我是为天下守财，哪能妄用！古语说：以一人治天下，不是

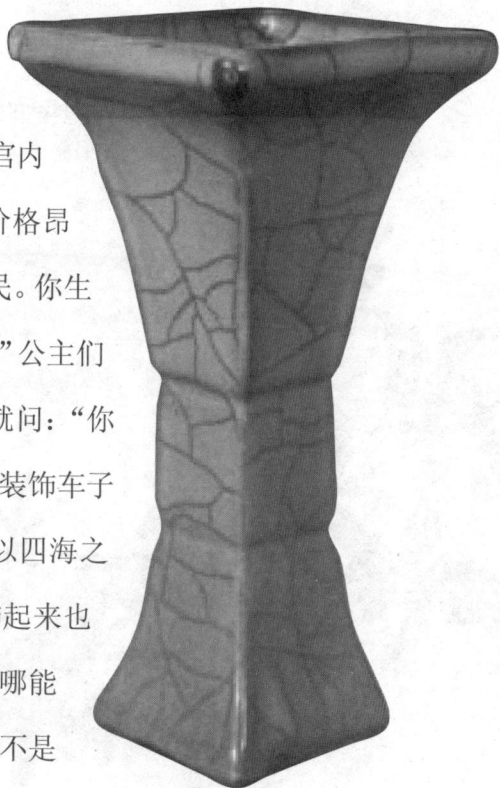

以天下侍奉一个人。"宋太祖对自己的地位有着较为清醒的认识，也是颇为难能可贵的。

除此之外，宋太祖的饮食也都很简单，虽然对自己的家人较约束，但绝非吝啬之人，他曾在一些工程上花下大笔费用，对于投降的各国国君也给予优厚的待遇。自己的私生活严谨简朴，对于该花费的地方，却是十分慷慨，这是历代皇帝中较少见的。

宿雨清畿甸

新陽麗帝城

豐年人樂業

隴上踏歌行

五、猝死之谜

(一)烛影斧声

根据记载，开宝九年（976年）十月十九日夜，赵匡胤病重，宋皇后派亲信王继恩召其子赵德芳进宫，以便安排后事。宋太祖二弟赵匡义早已窥伺帝位，收买王继恩为心腹，当他得知太祖病重后，便与亲信程玄德在晋王府通宵等待消息，王继恩奉诏后并未去召太祖的次子赵德芳，而是直接去通知赵光义。赵光义立

即进宫，入宫后不等通报径自进入太祖的寝殿。王继恩回宫，宋皇后问："德芳来耶？"王继恩却说："晋王至矣。"宋皇后见赵光义已到，大吃一惊！知道事有变故，而且已经无法挽回，只得以对皇帝称呼之一的"官家"称呼赵光义。乞求道："吾母子之命，皆托于官家。"赵光义答以："共保富贵，勿忧也！"史载，赵光义进入宋太祖寝殿后，"但遥见烛影下太宗时或避席"，以及"柱斧戳雪"之声。赵匡胤随后去世。二十一日晨，赵光义就在灵柩前即位，改元太平兴国。

这个事件由于没有第三人在场，因此一直以来都有赵匡义弑兄登基的传说，但是无法证实，成了千古疑案。《宋史·太祖本纪》上只简略地记载："癸丑夕，帝崩于万岁殿，年五十，殡于殿西阶。"文莹《续湘山野录》记载："上御太清阁四望气。俄而阴霾四起，天气陡变，雪雹骤降，移仗下阁。急传宫钥开端门，召开封王，即太宗也。延入大寝，酌酒对饮。宦官、宫妾悉屏之，但遥见烛影下，太宗时或避席，有不可胜之状。饮讫，禁漏三鼓，殿雪已数寸，帝引柱斧戳雪，顾太宗曰：'好做，好做！'遂解带就寝，鼻息如雷霆。

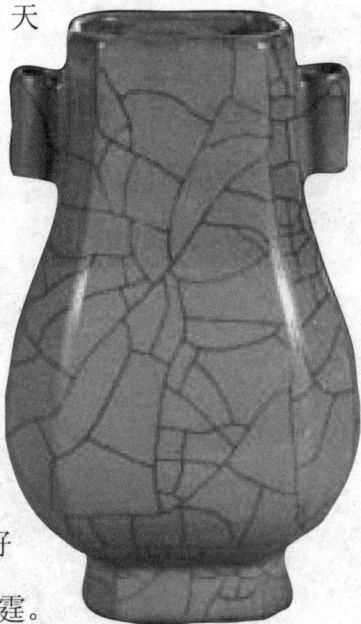

是夕，太宗留宿禁内，将五鼓，伺庐者寂无所闻，帝已崩矣。太宗受遗诏于枢前即位。"

司马光《涑水纪闻》的记载则极力为宋太宗辩解。据《涑水纪闻》记载，宋太祖驾崩，已是四鼓时分，宋皇后派内侍王继恩召秦王赵德芳入宫，但王继恩却往开封府召赵光义，晋王的亲信左衙程德玄已在门口等候。赵光义闻后大惊，说"吾

当与家人议之"。王继恩劝他赶快行动，以防他人捷足先登，赵光义便与王继恩、程德玄三人于雪地步行进宫。据此，宋太祖死时，太宗当时不在寝殿，不可能"弑兄"。

一种意见是，宋太宗"弑兄夺位"。持此说的人以《续湘山野录》所载为依据，认为宋太祖是在烛影斧声中突然死去的，而宋太宗当晚又留宿于禁中，次日便在灵柩前即位，难脱弑兄之嫌。蔡东藩《宋

史通俗演义》和李逸侯《宋宫十八朝演义》都沿袭了上述说法，并加以渲染，增添了许多宋太宗"弑兄"的细节。另一种意见认为，宋太祖的死与宋太宗无关，持此说的人引用司马光《涑水纪闻》的记载为宋太宗辩解开脱。据《涑水纪闻》记载，宋太祖驾崩后，已是四鼓时分，孝章宋后派人召太祖的儿子秦王赵德芳入宫，但使者却径趋开封府召赵光义。赵

光义大惊，犹豫不敢前行，经使者催促，才于雪下步行进宫。据此，太祖死时，太宗并不在寝殿，因而不可能"弑兄"。毕沅《续资治通鉴》即力主这一说法。还有一种意见，虽没有肯定宋太宗就是弑兄的凶手，但认为他无法开脱抢先夺位的嫌疑。在赵光义即位的过程中确实存在一系列的反常现象，即据《涑水纪闻》所载，宋后召的是秦王赵德芳，而赵光义却

抢先进宫，造成既成事实。宋后女流，见无回天之力，只得向他口呼"官家"了。

《宋史·太宗本纪》也曾提出一串疑问：太宗即位后，为什么不照嗣统即位次年改元的惯例，急急忙忙将只剩两个月的开宝九年改为太平兴国元年？既然杜太后有"皇位传弟"的遗诏，太宗为何要一再迫害自己的弟弟赵廷美（赵光美），使他郁郁而死？太宗即位后，太祖的次子武功郡王赵德昭为何自杀？太宗曾加封皇嫂宋后为"开宝皇后",但她死后,为什么不按皇后的礼仪治丧?上述迹象表明,宋太宗即位是非正常继统,后人怎么会不提出疑义呢?

　　近世学术界基本上肯定宋太祖确实死于非命,但有关具体的死因,则又有一些新的说法。一是从医学的角度出发,认为太祖死于家族遗传的躁狂忧郁症。一说承认太祖与太宗之间有较深的矛盾,但认为"烛影斧声"事件只是一次偶然性的突发事件。其起因是太宗趁太祖熟睡之际,调戏其宠姬花蕊夫人,被太祖发觉而怒斥之。太宗自知无法取得胞兄谅宥,便下了毒手。纵观古今诸说,似乎都论之有据,言之成理,然而有关宋太祖之死,目前仍未找到确凿无疑的材料。

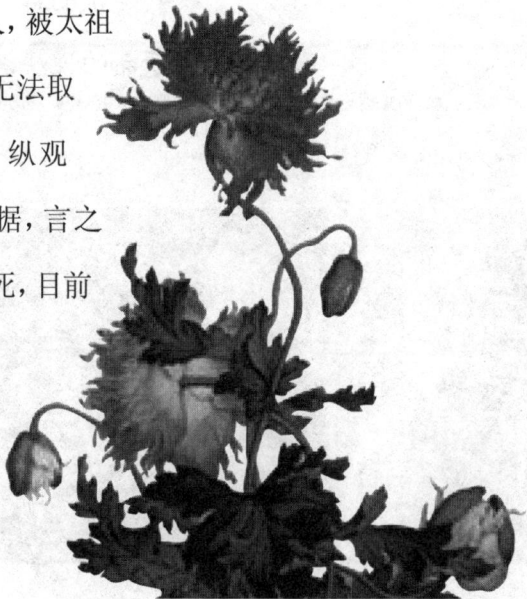

（二）金匮之盟

太祖之死，蹊跷离奇，但太宗抢在德芳之前登极却是事实。太宗的即位也就留下了许多令人不解的疑团，因此，历来便有太宗毒死太祖之说。太祖本人身体健康，从他生病到死亡，只有短短两三天，可知太祖是猝死的，而光义似乎知道太祖的死期，不然他不会让亲信程德玄在府外等候。

太祖不明不白地死后，太宗为了显示其即位的合法性，便抛出了其母杜太后遗命的说法，即所谓的"金匮之盟"。杜

太后临终之际，召赵普入宫记录遗命。据说当时太祖也在场。杜太后问太祖何以能得天下，太祖说是祖宗和太后的恩德与福荫，太后却说："你想错了，若非周世宗传位幼子，使得主少国疑，你怎能取得天下？你当吸取教训，他日帝位先传光义，光义再传光美，光美传于德昭，如此，则国有长君，乃是社稷之幸。"太祖泣拜接受教训。杜太后便让赵普将遗命写为誓书，藏于金匮之中。

然而，由于年代久远，"金匮之盟"的重重迷雾也未能揭开，后人推测是太宗和赵普杜撰出来以掩人耳目的。那么，

到底太祖是否有传位光义之意呢？据说太祖每次出征或外出，都让光义留守都城，而对于军国大事光义都参与预谋和决策。太祖曾一度想建都洛阳，群臣相谏，太祖不听，光义亲自陈说其中利害，才使得太祖改变主意。光义曾患病，太祖亲自去探望，还亲手为其烧艾草治病，光义若觉疼痛，太祖便在自己身上试验以观药效，手足情深，颇令人感动。太祖还对人说："光义龙行虎步，出生时有异象，将来必定是太平天子，福德所至，就连我也比不上。"有人便以此推测太祖是准备将皇位传给弟弟光义的。但是，这样的说法也经不住推敲，无非是后人的臆测而已。

妖姿拒霜盛
義冠錦羽雞
己知全五德
安逸勝鳧鷖

六、历史评价

宋太祖赵匡胤以一介武夫，崛起于乱世之中。他仿效后周太祖郭威，以兵变的形式，黄袍加身，登上帝位。而后继承了周世宗的统一事业，南征北讨，统一天下，顺应了历史发展的必然趋势，结束了从唐中期就开始的二百多年的分裂局面，使四分五裂的华夏大地重新统一，开始了中华民族历史上的一个新的时期。宋代，是中国封建社会历史上空前繁荣的时期，在中华民族为世界文明贡献的四大发明中，就有火药、指南针、活字印刷术成熟于宋代。就赵匡胤本人来说，从士兵到元帅，一生的大部分时间是在打仗。他首先是一个杰出的军事家。他登上帝位后，尽管不少精力还倾注在统一战争上，但地位的变化，已使他开始了军人到政治家的转变。在他生命结束之时，基本上可以说是完成了这一转变。他草创的许

多祖宗之法，为宋王朝的昌盛发展创造了条件，当然，也带来了不少弊端。他很想做唐太宗，但"烛影斧声"使他不假天年，正当大有作为之时便离开了人世。他的一生以武功居多，但他却扭转了近百年来的重武轻文之风。"唐宗宋祖，稍逊风骚"。在中国封建社会的史册上，宋太祖可以说是一为数不多的杰出帝王。